# 상큼한 디저트 만들기

이상영 · 최진숙 지음

예신 Books

Dessert

# 책을 내면서

언제부터인지 식사 후의 디저트는 우리들 생활 속 깊숙이 자리잡게 되었습니다. 예전에는 양식을 먹을 때만 디저트를 먹는 거라 생각했었는데, 요즘은 한식, 일식 등에도 디저트가 따라 나옵니다. 일반적으로 디저트라 하면 치즈, 과자류, 과일, 아이스크림 등을 말합니다.

저는 이 책을 통해서 우리와 친숙한 디저트를 보기에도 좋으면서 쉽고 간편하게 만드는 방법을 소개하려고 합니다.

디저트에는 분류 방법에 따라 여러 종류가 있는데, 이 책에서는 여성을 위한 디저트, 아이를 위한 디저트, 어르신을 위한 디저트, 초대를 위한 디저트, 기념일을 위한 디저트 등으로 분류하였습니다.

또한 수많은 디저트 요리 중에서 간단하면서도 구하기 쉬운 식재료를 사용한 작품들만을 모아, 재료와 만드는 방법을 소개하였습니다. 호텔에서 먹어 보았던 멋진 디저트를 간단하고 쉽게 만들 수 있도록 하였으며, 내용 중간중간에 알아두면 도움이 되는 상식을 팁(TIP)으로 만들어 재미있고 알차게 구성하였습니다.

이 책에서 소개한 요리법에 여러분의 아이디어를 더한다면 더욱더 훌륭한 디저트를 만들 수 있을 것입니다.

가족과 함께 만들면서 이야기 꽃을 피워 보세요. 가슴 속이 따뜻해질 것입니다.

끝으로 많은 도움을 주신 김혜정 선생님과 아내 박미선, 장소를 협찬해 주신 수림공원 강경훈 전무님, 재료를 지원해 주신 브레드가든 유승희 과장님께 감사드립니다.

이 책을 보는 분들에게 행복이 가득하시길 빕니다.

저자 씀

Dessert Dessert Dessert

# CONTENTS

## 여성을 위한 디저트

## 아이를 위한 디저트

## 어르신을 위한 디저트

## 초대를 위한 디저트

## 기념일을 위한 디저트

# 디저트를 만들기 위한 도구들

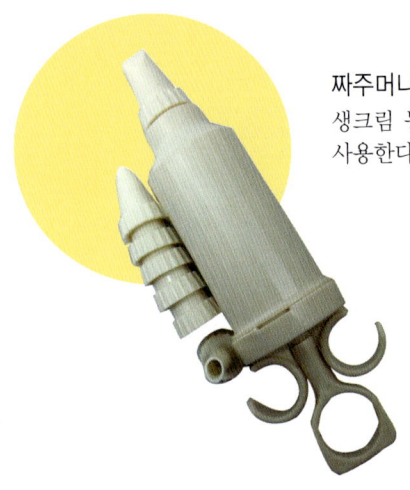

**짜주머니**
생크림 등을 넣고 모양낼 때
사용한다.

**볼 스쿠프(볼 수푼)**
수박, 메론 등을 동그랗게
모양 만들 때 사용한다.

**파우더용 고운 채**
슈가파우더, 코코아파우더
등을 뿌릴 때 사용한다.

**모양틀**
재료를 여러 가지 모양으로
찍을 때 사용한다.

**부탄 가스 토치**
설탕을 녹일 때 사용한다.

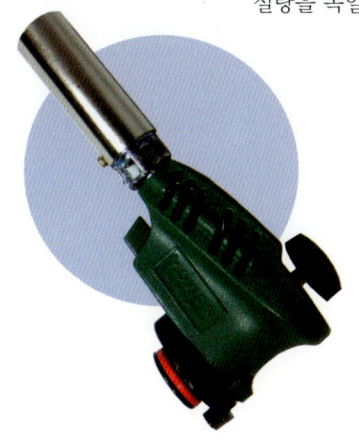

**붓**
접시에 딸기 시럽, 초코 시럽
등을 칠할 때 사용한다.

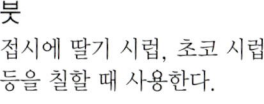

**조각칼(곡선칼)**
OHP 필름에 글자 세길 때
사용하는 칼이다.

**모양 레인보우**
마무리할 때 여러 가지
모양으로 디저트 위에
뿌려 준다.

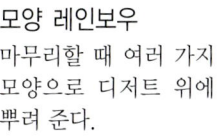

**준비 재료**

초코 시럽(블루베리, 키위, 딸기, 망고) 등

**만들기**

1. 식재료 놓을 위치를 구상한다.
2. 시럽의 농도를 맞춘다.
3. 접시에 붓칠한다.

**TIP**

한 번에 칠해야 멋스럽다.

**준비 재료**

초코시럽(블루베리, 키위, 딸기, 망고) 등

**만들기**

1. 식재료 놓을 위치를 구상한다.
2. 시럽의 농도를 맞춘다.
3. 문구 새긴 비닐를 놓고 시럽으로 붓칠한다.
4. 문구 새긴 비닐을 조심스럽게 제거한다.

**TIP**

문구 새긴 비닐은 접시에 밀착하여 붓칠한다.

＊글자 새기기 : OHP 필름을 문구점에서 구입한다. 컴퓨터에서 출력한 글씨를 OHP 필름에 붙인(쓰리엠) 후 칼로 글씨 외곽을 따낸다. 글씨는 굵은 서체를 사용해야 새기기 쉽다.

**준비 재료**

설탕

**만들기**

1. 설탕을 접시에 뿌린다.
2. 토치에 점화를 하여 색이 나도록 녹인다.
3. 접시를 식힌 후 식재료를 놓는다.

**TIP**

화상에 주의한다. (접시)

**준비 재료**

코코아파우더, 슈가파우더 등

**만들기**

1. 식재료 놓는 위치를 구상한 후 접시에 원하는
   모양을 놓는다.
2. 파우더를 살살 뿌린다.
3. 재료를 조심스럽게 치운다.

**TIP**

바람에 날리지 않도록 주의한다.

# 디저트의 유래

고대 그리스에는 소크라테스를 비롯한 철학자와 시인들이 자주 모여 향연(심포지엄)을 열었다.

그들은 긴 의자에 누워 호화로운 식사를 하면서 "진리는 물이요", "아니오, 술이요" 등과 같이 밤을 세워가며 의견을 주고 받았다. 그리고 식사 후에는 물을 탄 와인을 마시고 치즈와 말린 무화과나 살구 등을 즐겼다.

중세에 들어서자, 당시 소화를 도와준다고 여겼던 아니스, 콜리앙다, 생강 등 스파이스(양념)에 설탕을 넣고 졸인 것을 식후에 입가심으로 먹는 것이 유행이었다.

이것이 디저트의 기원이라고 한다.

디저트는 원래 프랑스어 디저비흐(desservir)에서 유래된 용어로 '치운다', '정리한다' 는 뜻이다. 그래서 디저트는 일단 식탁을 깨끗이 한 다음에 제공된다.

디저트는 식사의 마지막을 장식하는 요리로 감미(sweet), 세이버리(savoury : 풍미있는, 맛 좋은), 과일(fruit)의 3요소가 포함된다.

디저트는 선사시대부터 있었지만 그 당시에는 꿀, 과일을 기본으로 하여 만든 단맛 나는 음식에 불과했다. 고대에는 신을 모시는 봉헌제 때 사용하던 음식으로, 고대 이집트 왕 람세스(Ramses) 2세의 무덤에서 작은 과자 조각이 있는 부조 조각을 발견하였다.

BC 327년에는 알렉산더 대왕의 군대가 인도의 한 골짜기에서 사탕무 밭을 발견하였고, 사탕무를 서양으로 가지고 가게 되었다. 그 후 십자군은 잘 알려지지 않은 과일들을 프랑스에 전했는데, 계피, 육두구, 편도, 개암 등이다.

16세기에는 초콜릿이 스페인에 전해졌으며, 17세기에는 전 유럽으로 퍼지게 되었다. 그리고 폴란드의 왕인 스타니슬라스(Stanislas)에 의해 프랑스에 바바(baba)가 소개되었다. 그는 바바를 시럽에 적셔 천일야화의 주인공 중 하나인 알리바바(Alibaba)라는 이름을 붙였는데 이후에 바바가 되었다.

    프랑스 디저트가 전 세계에 명성을 떨치게 된 것은 탈레이앙드(Talleyrurd)의 요리사인 안토닌 카렌(Antorin Carene) 때였다. 그는 현대 과자의 선구자로서 껍질이 얇게 벗겨지는 과자인 페유타지(feuilletage)를 최초로 만들었다.

    오늘날 우리가 알고 있는 훌륭한 디저트들은 19세기 이후부터 자리를 잡게 되었다. 디저트가 현재와 같은 단 음식으로 식사 뒤에 오게 된 것은 비교적 근래의 일이며, 요리를 순서대로 한 가지씩 내놓은 러시아식 서비스 식단이 도입되고부터 유럽 전역에 퍼지게 되었다.

    그 후 단 음식을 어느 코스에 제공해야 손님들이 좋아하는지 과학적으로 연구한 결과, 맨 마지막을 장식하는 것이 가장 이상적인 방법으로 채택되어 요리와 디저트의 새로운 관계가 정립되었다.

**01**

# 여성을 위한 디저트

# 딸기 케이크

딸기꽃의 꽃말은 존중과 애정입니다. 사랑하는 사람을 위해 존중하는 마음과 애정을 담았습니다.

**01** 카스테라를 둥근 모양틀에 찍어 준비한다.

**02** 생크림을 카스테라 위에 칠하고, 귤(만다린)을 돌려 담는다.

**03** 딸기를 잘라 카스테라 옆면에 붙인다.

**04** 가운데 체리로 장식한 후 리본으로 모양을 낸다.

## 준비 재료 (4인)

카스테라 1개  ➕  귤(캔) 10개  ➕  딸기 5개  ➕  체리(병) 1개  ➕  생크림 약간  ➕  슈거파우더 약간

# 과일 꼬치 에이드

톡톡 쏘는 에이드의 청량감과 여러 가지 과일의 상큼함을 느껴 보세요.

**01** 과일을 볼 스쿠프로 동그랗게 만들어 꼬치에 꽂는다.(계절 과일-포도, 체리, 딸기 등)

**02** 컵에 시원한 사이다를 붓고 과일 꼬치를 담는다.(사이다는 냉동실에 두어 살얼음이 살짝 만들어지도록 한다.)

**03** 오렌지 껍질을 나뭇잎처럼 모양내어 꼬치에 장식한 후 마무리한다.

## Cooking Note

**에이드**
레몬이나 오렌지 등의 과즙에 설탕을 넣고, 물 또는 탄산수로 희석시킨 혼합 음료를 말한다.

## 준비 재료 (2인)

사이다 1캔    수박 2볼    오렌지 조금    메론 2볼    블루베리(캔) 약간    오렌지껍질 약간

# 녹차 아이스바와 홍시

시원함이 가득한 디저트, 녹차의 부드러움과 팥의 달콤함이 조화를 이뤄요.

01 녹차 아이스바를 그릇에 잘라 놓는다.

02 4등분한 얼린 감을 놓고, 팥을 올린다.

03 롤리폴리를 꽂는다.

04 미숫가루 또는 녹차가루를 뿌려낸다.

## Cooking Note

**감과 변비**
감을 반 잘랐을 때 보이는 꼭지 부분의 하얀 섬유질이 변비의 원인이다. 이 부분을 잘라내고 감을 먹으면 변비 걱정이 사라진다.

## 준비 재료 (2인)

 +  +  +  +

녹차아이스바 1개    얼린 홍시 1개    단팥(캔) 20g     미숫가루 약간    롤리폴리 4개

# 동글이 케이크

푸른 잔디에 자란 새싹처럼 행복이 파릇파릇 자라납니다.

01 녹차 카스테라를 원형 모양 틀로 찍어 생크림을 발라 샌드한다.(빵 사이에 계절 과일을 슬라이스하여 넣어도 좋다.)

02 계란과자도 01과 같은 방법으로 준비한다.

03 허브(새싹)로 장식한다.

## Cooking Note

**녹 차**

동의보감에 보면 '차는 기분을 가라앉히고 소화를 도우며 머리와 눈을 맑게 하고 이뇨를 돕고 갈증을 멈추게 한다'고 하였다. 다시 말해서, 스트레스를 풀고 식욕을 돋우며 음식물을 잘 소화시키고 두통이나 눈의 충혈을 풀고 소변을 순조롭게 배출시켜서 부종을 없애며 입안의 구취가 심할 때 좋다는 것이다.

\* 데라웨어 : 일반 포도보다 알이 작은 포도를 말한다.

### 준비 재료 (4인)

 +  +  +  +  +  +  +

녹차카스테라 1개　계란과자 8개　포도(데라웨어) 약간　생크림 약간　허브(로즈마리, 민트) 약간

# 롤케이크와 계절 과일

돌돌 말린 부드러운 롤케이크에 포크를 꽂아 놓아 먹는 즐거움을 더한다.

**01** 오렌지와 키위는 모양내어 자른다.

**02** 롤케이크를 4등분하여 포크에 꽂는다.

**03** 수박은 볼 스쿠프로 동그랗게 모양을 낸다.

**04** 블루베리와 민트로 장식하고, 롤케이크에 슈거파우더를 뿌린다.

## Cooking Note
### 포 크
포크는 식기 중에서 그 역사가 가장 짧으며 비잔틴 제국에서 고안된 것으로 알려져 있다. 15세기에 이르러서야 비로소 조금씩 인정받게 되었다. 그때도 포크를 사용하는 것은 남성답지 못한 여성적 경향의 행동이라는 인식 때문에 반기지 않았다.

## 준비 재료 (4인)

초코롤케이크 1개   오렌지 1/2개   키위 1개   수박 4볼   블루베리(캔) 약간   슈거파우더 약간

# 병아리 케이크

노란색 병아리를 연상케 하는 귀여운 미니 케이크!!

**01** 롤케이크를 4cm 정도의 높이로 잘라 생크림을 골고루 바른다.

**02** 계란과자를 롤케이크 주변을 돌려가며 붙인 후 리본으로 묶는다.

**03** 중앙을 계란과자와 과일로 장식한다.

## Cooking Note

**노랑의 상징적 의미**
노랑은 태양을 상징한다. 긍정적이고 적극적인 색이며 순수함과 밝음을 의미한다.
부정적인 상징으로는 경솔함, 흥분, 소모, 무절제, 낭비 등을 의미한다.

## 준비 재료 (4인)

초코롤케이크 1개 + 계란과자 1봉  + 피자두 1개 + 키위 1개 + 생크림 약간

# 꼬마 꼬치

쏙쏙 뽑아 먹는 재미가 쏠쏠한 꼬마빵과 빨간 수박 디저트!

**01** 꼬마빵에 생크림을 바른다.

**02** 꼬치에 수박을 꽂고 꼬마빵을 차례로 꽂는다.

**03** 꼬치 끝에 나뭇잎을 예쁘게 장식해서 꽂는다.

**04** 컵에 리본(색지)을 붙여 파티 분위기를 연출한다.

## Cooking Note

**나만의 꼬치 만들기**
꼬치 끝부분에 작은 잎사귀를 꽂거나 리본 등을 묶어 주면 작은 정성이지만 센스 만점의 작품이 된다.

## 준비 재료 (4인)

꼬마빵 12개 + 수박(딸기) 4볼 + 생크림 약간 + 나무 꼬치 4개 + 나뭇잎 4개

# 뷰티플 플라워

"Beautiful flower" 한 마리 나비가 날아올 것만 같은 아름다운 꽃이 접시 위에 피웠습니다.

**01** 접시에 블루베리 시럽으로 꽃모양이 나도록 붓칠한다.

**02** 쿠키를 놓고, 롤케이크 위에 수박과 블루베리, 은단을 순서대로 놓는다.

**03** 오렌지를 케이크 옆에 잘라 놓고 민트로 장식한다.

## Cooking Note

**아름다움**

"아름다움이란" 꽃이 어떤 모양으로 피었는가가 아니야, 진짜 아름다움은 보는 사람에게 좋은 뜻을 보여주고, 그 뜻이 상대의 마음속에 더 좋은 뜻이 되어 다시 돌아올 때 생기는 "빛남"이야.
– 정채봉, 동화 「제비꽃」 중에서 –

## 준비 재료 (4인)

 +  +  +  +  +  +

블루베리(캔)시럽 약간  쿠키 4개  수박 4볼  블루베리(캔) 약간  초코롤케이크 1개  오렌지 1/2개  은단 약간

# 와플과 아이스크림

고소한 버터와플과 어울리는 볼 아이스크림의 달콤함을 즐겨 보세요.

**01** 볼 스쿠프로 아이스크림을 동그랗게 만든다.

**02** 몽키 바나나는 어슷 썰어 놓고, 버터와플은 바나나 옆에 놓는다.

**03** 01의 볼 아이스크림 위에 코코아파우더를 뿌려 완성한다.

## Cooking Note

**와플의 유래**

1734년에 영국 런던의 동남부 지역의 조그만 식당의 한 요리사가 새 그릴에다 한 손님을 위해 팬케이크를 만들다 실수로 우연히 만들게 되었다고 한다.

## 준비 재료 (4인)

 +  +  +  +  +  +  +

버터와플 4개   브라보콘 3볼   초코·딸기 아이스크림 6볼   몽키바나나 4개   코코아파우더 약간

# 사랑해 초코케이크

초콜릿의 달콤함이 부드러운 케이크와 만나 미각을 행복하게 합니다.

**01** 초코케이크를 사각형으로 잘라 블루베리를 올린다.

**02** 오렌지와 키위는 모양내서 놓고, 수박은 볼 스쿠프로 동그랗게 만들어 놓는다.

**03** 슈거파우더를 뿌린 후 민트로 완성한다.

**04** 접시에 '사랑해'라는 글씨를 초코시럽으로 붓칠하여 완성한다.

## 준비 재료 (4인)

 +  +  +  +  +  +  +  +  +  +

초코케이크 1개   오렌지 1개   키위 1개   수박 4볼   블루베리(캔) 약간   슈거파우더 약간   민트 약간

# 요플레 속 모둠 과일

요플레 속 가득한 모둠 과일이 상큼함을 더했습니다.

01 유리컵에 모둠 과일(프루트 칵테일)을 담는다.

02 01에 요플레를 붓고 민트를 꽂아 완성한다.

### Cooking Note

**요플레(yoplait)**
요플레는 세계적으로 알려진 요구르트의 상표명이다.
우리나라에서 가장 먼저 널리 보급된 호상 발효유(떠먹는 요구르트)이다. 상표명인 요플레가 떠먹는 요구르트를 대신하는 말로 사용되고 있다.

## 준비 재료 (2인)

프루트칵테일(캔) 6큰술 + 요플레 2컵 + 애플민트 2잎

# 인절미 구이와 아이스크림

쫄깃한 인절미 구이와 달콤한 녹차 아이스크림의 찰떡궁합 디저트!!

**01** 인절미는 프라이팬에 식용유를 두르고 노릇노릇하게 지진다.

**02** 견과류와 말린 과일은 굵게 다진다.

**03** 인절미 위에 녹차 아이스크림을 올리고 다진 견과류와 말린 과일을 뿌린다.

## Cooking Note

**인절미**

인절미는 찹쌀을 시루나 찜통에 쪄서 대강 으깬 다음 떡메로 치거나 절구에 넣고 찧어서 만드는데, 절구에 찧는 것보다는 떡메로 쳐서 만든 것이 훨씬 더 쫄깃쫄깃하고 맛이 좋다.

## 준비 재료 (4인)

 +   +   +

인절미 30g　　녹차 아이스크림 50g　　모둠 견과류 2큰술　　말린 과일(망고, 블루베리) 약간

# 찰랑찰랑 푸딩

찰랑찰랑 흔들리는 부드럽고 탱탱한 푸딩 디저트!

**01** 푸딩을 컵에 담는다.

**02** 얇게 썬 피자두를 푸딩에 돌려 담는다.

**03** 키위, 포도(데라웨어)를 푸딩 위에 올린다.

**04** 민트잎을 올려 완성한다.

## Cooking Note

**푸딩의 유래**

푸딩은 영국에서 유래되었다. 긴 항해가 많았던 당시 영국 선원들은 남은 빵부스러기, 밀가루, 계란, 우유 등을 섞어 쪄 먹곤 했는데 이것이 푸딩의 시초이다. 그 뒤 디저트 개념에서 '커스터드 푸딩'이나 초콜릿 푸딩인 '푸딩 오 쇼콜라' 등이 만들어지게 되었다. 푸딩은 차게 해서 먹는 것이 일반적이다.

## 준비 재료 (2인)

| 푸딩 2개 | + | 키위 1/4개 | + | 피자두 1개 | + | 포도(데라웨어) 2알 | + | 민트 2잎 |

41

# 아이스 그린티 라떼

시원한 아이스크림과 통팥이 우유에 사르르 ~ 시원하고 부드러운 아이스 라떼!

01 투명컵에 팥통조림을 담는다.

02 찬 우유를 가만히 붓는다.

03 02의 위에 녹차 아이스크림
   을 올린다.

04 녹차가루를 솔솔 뿌려 마무리
   한다.

## Cooking Note

라떼(latte)
카페라떼는 두 가지 단어가 조합
된 단어이다.
caffe(카페)+latte(라떼)
카페(caffe)는 커피라는 뜻이고,
라떼(latte)는 이탈리어로 우유라
는 뜻이다.

## 준비 재료 (2인)

녹차 아이스크림 50g    찬 우유 2컵     팥 통조림 4큰술    녹차가루 약간

# 02

## 아이를 위한 디저트

# 링 던지기

좋은 아빠가 되고 싶으면 아이와 눈높이를 맞추어 링 던지기를 해 보세요.

**01** 접시 중앙에 머핀빵을 놓고, 빼빼로를 꽂는다.

**02** 구운양파를 아이와 아빠가 하나씩 올린다.

**03** 수박과 메론(계절 과일)을 모양내어 놓는다.

**04** 슈거파우더와 레인보우를 뿌린다.

## 준비 재료 (1인)

머핀빵 1개  ＋ 구운양파 1봉  ＋ 빼빼로 1개 ＋ 수박 2볼  ＋ 메론 2볼  ＋ 슈거파우더 약간 ＋ 레인보우 약간

47

# 동서남북

종이접기 놀이는 항상 즐겁기만 합니다. 맛있는 과자를 가득 넣어 기쁨을 더합니다.

**01** 동서남북으로 종이를 접는다.

**02** 접은 종이를 뒤집어 네 곳에 종류별로 과자를 넣는다.(네 곳에 조그마한 컵을 넣어 무게감을 준다.)

## Cooking Note

**동서남북 종이접기**

1. 종이를 가로 세로로 한 번씩 접었다 편다.(십자가 모양 만들기)
2. 펴진 상태에서 양끝 네 점을 가운데로 향해 접는다.(그러면 조그만 사각형이 된다.)
3. 뒤집은 다음에 이번에도 양끝 네 점을 가운데로 향해 접는다. (더 조그마한 사각형이 된다.)
4. 앞을 보면 사각형 4개가 있고, 뒤를 보면 삼각형 8개가 있을 것이다.
5. 사각형에다 손가락을 끼우면서 핀다.(완성)

### 준비 재료 (4인)

과자류(건빵, 쌀로별, 조리뽕, 라면땅 등)

# 바나나 아이스바

시원하게 꽁꽁 얼린 바나나와 계절 과일이 더위를 싹~ 날려 줍니다.

01 냉동실에서 얼린 몽키 바나나에 빼빼로를 꽂는다.(젓가락으로 구멍을 먼저 뚫어 준다.)

02 딸기, 오렌지, 키위를 한입 크기로 잘라 놓는다.

03 그릇에 예쁘게 담고 허브(로즈마리, 민트)를 올린다.

04 슈거파우더를 뿌려 마무리한다.

## Cooking Note

**얼린 바나나**
바나나는 껍질을 벗겨 냉동실에 얼려 두면, 여러모로 요리하기 쉽다.
그냥 먹으면 아이스바, 우유를 넣고 믹서에 갈면 바나나 우유 · 바나나 쉐이크, 초코 시럽을 찍어 먹으면 바나나 초코 퐁듀로 즐길 수 있다.

## 준비 재료 (4인)

몽키바나나 4개 + 빼빼로 4개 + 키위 1개 + 딸기 1개 + 오렌지 1/2개 + 허브 약간 + 슈거파우더 약간

# 우주선 발사

어른이 되면 우주인이 되고픈 아이들을 위해 만든 디저트. 꿈과 희망을 가득 담았습니다.

**01** 미니호떡을 접시 중앙에 놓는다.

**02** 파인애플을 4등분하여 3개만 접시 중앙을 향해 세운다.

**03** 쌀과자와 미니 팬케이크를 놓는다.

**04** 생크림을 올리고 그 위에 딸기를 올린 다음 빼빼로를 꽂는다.

**05** 마지막에 슈거파우더와 레인보우를 뿌려 완성한다.

## Cooking Note

**우주로 가져간 한국 음식**
동결 건조 음식은 영하 40℃의 진공 상태에서 건조시킨 것이다. 아주 낮은 온도에서 건조된 음식은 장기간 보관이 쉽고 무게도 가볍다. 우리 우주 음식은 김치, 밥, 고추장, 된장국, 라면, 볶음김치, 녹차, 홍차, 생식바, 수정과 등 모두 10종이다.

## 준비 재료 (4인)

미니호떡 4개  파인애플 3개  쌀로본 4개  미니팬케이크 4개  딸기 4개  생크림 약간  빼빼로 4개  슈거파우더 약간  레인보우 약간

# 친구 얼굴

아이와 같이 만드는 친구 얼굴, 웃음이 가득한 즐거운 주말입니다.

01 접시에 초코시럽으로 머리 모양을 붓칠한다.

02 큰 쿠키를 놓고 블루베리로 눈과 입을 만든다.

03 수박을 볼 스쿠프로 동그랗게 만들어 코를 만든다.

04 큰 귀는 롤케이크로 만들어 완성한다.

## Cooking Note

### 친구

친구란 내 부름에 대한 메아리이다. 좋은 친구를 만나고 싶거든 내가 먼저 좋은 친구가 되어야 한다. 사람은 끼리끼리 어울리는 법이다. 그리고 친구의 영향은 알 듯 모를 듯 서서히 젖어든다. 마치 안개 속에서 자신도 모르는 사이에 옷이 젖듯이. [법정(法頂) 스님]

## 준비 재료 (4인)

초코 시럽 약간 + 큰 쿠키 4개 + 수박 4볼 + 블루베리(캔) 약간 + 초코롤케이크 1개

# 스피드 레이서

붕붕 경주용 자동차가 출발을 위해 기다리고 있습니다. 최고의 스피드로 우승을 향해 파이팅!!

**01** 파인애플을 중앙에 놓는다.

**02** 몽키바나나를 중앙에 놓고 빼빼로를 엇갈리게 꽂는다.

**03** 꼬마곰 젤리와 키위로 모양을 내고, 건 블루베리로 장식한다.

**04** 접시에 '아빠 화이팅!'이란 글자판을 놓고 초코시럽으로 붓칠한다.

**05** 레인보우를 뿌려 완성한다.

## 준비 재료 (4인)

파인애플 1개 + 몽키바나나 1개 + 꼬마곰 젤리 1개 + 키위 1/2개 + 빼빼로 2개 + 건 블루베리 약간 + 초코시럽 약간 + 레인보우 약간

# 알록달록 초콜릿과 치즈케이크

알록달록 초콜릿과 부드러운 치즈케이크가 만났어요.

**01** 치즈케이크를 반으로 잘라 접시 중앙에 놓는다.

**02** 수박과 오렌지를 모양내어 놓는다.

**03** 타르틀릿에 초콜릿 볼을 적당히 넣는다.

**04** 코코아파우더로 멋을 낸다.

## Cooking Note

**치즈의 유래**

치즈의 역사는 400년 전에 아라비아 상인이 양의 위로 만든 물주머니에 우유를 넣어 여행하는 동안 태양열로 따뜻해진 우유가 소화 효소인 레닌의 작용으로 굳어져 치즈가 처음으로 만들어졌다고 한다.

## 준비 재료 (4인)

초콜릿볼 10개    치즈케이크 1개    수박 1볼    오렌지 2쪽    타르틀릿(小) 1개    코코아파우더 약간

# 재미난 그릇에 가득찬 과일

재미난 그릇 속 가득한 과일~ 독특하고 재미있게 과일을 담아 보세요.

01 독특하고 재미난 그릇에 프루트칵테일을 담는다.

02 빼빼로와 건망고를 올린다.

03 생크림을 조금 뿌리고 체리를 올려 장식한다.

## Cooking Note
**어린이 변비에 좋은 과일**
변비에 좋은 과일에는 배, 사과, 키위, 복숭아 등이 있고, 채소에는 부추, 양상추, 브로콜리, 시금치, 우엉, 셀러리 등이 있다. 또한 콩, 고구마, 현미, 보리, 김, 미역, 다시마, 표고버섯도 변비에 효과적이다.

## 준비 재료 (1인)

 +   +   +

프루트칵테일(캔) 2큰술     체리(병) 1개     건 망고 1개     빼빼로(누드) 1개     생크림 조금

# 깔대기 시리얼콘

깔대기 모양에 시리얼을 넣었어요. 재미있게 먹고 싶은 것을 골라 먹어요.

**01** 투명한 비닐 포장지를 깔대기 모양으로 만든다.(김밥용 김 반장 크기로 만든다.)

**02** 여러 가지 맛있는 시리얼을 비닐 깔대기에 담는다.

**03** 우유에 먹고 싶은 시리얼을 담아 먹는다.

## Cooking Note

**시리얼의 유래**
시리얼(cereal)은 여러 가지 곡물로 만든 식품으로 우유와 함께 먹는 것을 말한다.
로마 신화에서 농업의 여신인 세레스의 이름에서 유래되었다. 세레스는 곡물과 수확을 관장하였고, 라틴어 "cerealis"는 "세레스의 또는 세레스와 관련된"이라는 뜻이다.

## 준비 재료 (1인)

시리얼 종류 2가지　＋　우유 1컵

# 마녀의 요술모자

동화책에 나오는 마녀의 요술모자, 아빠가 들려 주는 동화속 이야기

**01** 아이스크림 콘을 접시 중앙에 놓고 파인애플을 꽂는다.

**02** 수박(계절 과일)을 모양내어 올린다.

**03** 수박 위에 블루베리를 올린 다음 레인보우를 올려 완성한다.

## Cooking Note

**최초의 아이스크림 콘**

1904년 세인트 루이스에서 열린 박람회에서 가장 인기 있는 상품은 아이스크림이었다. 상인들은 아이스크림을 컵에 담아 팔았는데 항상 컵이 모자랐다.

그곳에서 맨체스라는 사람이 한 시리아 상인이 밀가루 과자를 황소뿔 모양으로 감아올리는 것을 보고 힌트를 얻었다.

맨체스는 과자에 아이스크림을 담아 팔았다. 이것이 바로 최초의 아이스크림 콘이다.

## 준비 재료 (4인)

  +  +   +   +

아이스크림 콘 4개 　파인애플 4개 　수박 12볼 　블루베리(캔) 약간 　레인보우 약간

# 붕어빵 스테이크

붕어빵 속에 시원한 아이스크림이 가득, 아이의 얼굴엔 행복한 웃음이 가득하다.

01 붕어 모양 아이스크림을 접시에 놓는다.

02 수박, 메론, 오렌지, 포도 (계절 과일) 등을 모양내어 올린다.

03 시리얼을 놓고, 허브(로즈마리)로 장식한 후 코코아 파우더를 뿌린다.

## 준비 재료 (4인)

붕어아이스크림 4개   수박 4볼   메론 4볼   오렌지 4개   포도(데라웨어) 4알   시리얼 약간   허브 약간   코코아파우더 약간

# 미루나무 꼭대기 조각구름

파란 하늘에 뭉게뭉게 피어나는 구름 같은 솜사탕, 키 큰 미루나무에 솜사탕이 걸려 있네요.

**01** 유리병에 바게트빵을 꽂아 준비한다.

**02** 바게트빵에 빼빼로를 꽂아 나뭇가지를 표현한다.

**03** 빼빼로에 솜사탕을 꽂는다.

## Cooking Note

**설탕의 시작**

사탕수수 재배가 태평양 뉴기니 섬에서 처음 시작된 이후 아시아와 인도, 중동 지역으로 이어졌다. 십자군 원정을 계기로 11세기 서유럽에도 전해지고, 1492년 콜럼버스의 신대륙 발견 이후에는 중남미의 여러 나라에도 사탕수수 재배법이 전해졌다.

## 준비 재료 (4인)

 **+**   **+**

솜사탕 2개     바게트빵 2개     빼빼로(누드) 16개

# 볼 에이드

볼 얼음이 가득한 알록달록 볼 에이드, 한여름의 더위가 싹~ 사라집니다.

**01** 석류주스와 포도주스를 볼 얼음틀에 넣어 냉동실에서 꽁꽁 얼린다.(수박, 멜론은 볼 스쿠프로 파내어 얼리고, 포도는 알알이 얼려 넣어도 좋다.)

**02** 투명한 컵에 사이다를 붓고 **01**의 얼음을 담아낸다.

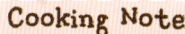

### Cooking Note

**에티켓**

갑작스레 오신 손님에게 사이다 한 잔만 내놓기 조금 민망하시다면 미리 꽁꽁 얼려놓은 얼음볼을 넣어 대접하면 센스 만점이다.

## 준비 재료 (4인)

 +   +   +

사이다 1병      석류주스 30ml      포도주스 30ml      계절 과일(포도, 수박, 멜론 등)

# 03

## 어르신을 위한 디저트

# 단풍으로 모양낸 초코케이크

자연적인 모양과 계절의 아름다움을 담았습니다.

**01** 초코케이크 위에 단풍잎을 놓고 슈거파우더를 뿌린 후 단풍잎을 없앤다.

**02** 블루베리를 사방으로 돌려 담고, 그 위에 은단을 올린다.

**03** 케이크 주변을 단풍잎으로 장식한다.

## Cooking Note

**슈거파우더와 설탕의 차이점**
설탕은 사탕수수에서 추출한 뒤 정제한 것이고, 슈거파우더는 설탕을 미세하게 분말 형태로 만든 뒤 전분과 섞어 놓은 것이다.

## 준비 재료 (4인)

초코케이크 4쪽    블루베리(캔) 약간    은단 약간    슈거파우더 약간

# 가을 운동회

천고마비(天高馬肥)의 계절이 돌아오면 옛 추억 속에서 아이들의 응원 소리가 들립니다.

**01** 바구니는 나뭇가지로 멋을 낸 후 바닥에 한지를 깐다.

**02** 실로 과자(뽀또)를 묶어 바구니에 건다.

**03** 바구니 안에는 여러 가지 과자를 보기좋게 담는다.

## 준비 재료 (2인)

뽀또 1봉          쌀로본 1봉          쌀로별 1봉

# 별모양 약과와 과일

유자청의 향긋한 맛이 약과와 잘 어우러져 맛을 더합니다.

01 약과를 별모양 틀로 찍어 속에는 유자청을 넣는다.

02 수박은 모양내어 민트를 꽂아놓고 그 옆에 포도(데라웨어)와 강정을 놓는다.

03 슈거파우더를 뿌린다.

## Cooking Note

**약과**

약과는 예로부터 제향(祭享)의 필수 음식이었으며, 유밀과를 흔히 약과라고 부를 정도로 유밀과의 대표적인 과자이다. 고운 체로 친 밀가루에 참기름을 치고 반죽한 다음, 꿀과 술을 섞어 다시 반죽하여 약과판에 찍어 기름에 튀긴 것이다.

## 준비 재료 (2인)

| 찹쌀약과 2개 | 유자청 4티스푼 | 강정 2개 | 수박 2볼 | 포도(데라웨어) 2개 | 민트 약간 | 슈거파우더 약간 |

# 일식풍 양갱

갑자기 찾아오신 시아버지를 위한 디저트, 녹차와 곁들여 드시면 좋습니다.

**01** 대나무 포크를 준비한다.

**02** 양갱을 사선으로 잘라 접시에 담는다.

**03** 단풍잎으로 센스있게 장식한다.

## Cooking Note

**양갱의 어원**

'갱(羹)'은 '국'을 말한다. 특히 제사나 차례 때 무나 다시마 등을 넣고 끓인, 상에 올리는 국을 말한다.

양갱은 팥을 삶아 거른 물에 한천(우뭇가사리), 설탕 등을 넣고 끓여서 식힌 다음 굳혀서 만든다. 그래서 서양(洋)에서 유래한, 국(羹) 같이 끓여서 만든 것이라 하여 '양갱(洋羹)'이라 불리게 된 것이다.

## 준비 재료 (2인)

 +  +

양갱 1개     단풍잎 2개     대나무 포크 2개

# 홍시 소스와 구운 떡

시원한 바람이 불어오는 가을날, 구운 떡에 찍어 먹는 홍시 소스의 달콤함을 느껴 보세요.

**01** 프라이팬에 떡(가래떡)을 굴려가며 노릇하게 굽는다.

**02** 홍시를 체에 내려 꿀을 조금 넣고 섞는다.

**03** 떡(가래떡)을 한입 크기로 잘라 꼬치(나뭇가지)에 꽂는다.

**04** 그릇에 보기좋게 담아낸다.

## Cooking Note

**홍시의 장기간 보관법**
가장 손쉬운 방법으로는 온도 낮은 시원한 그늘에 종일 두는 방법이며, 아파트 베란다 등과 같이 낮에는 온도가 올라가는 곳에 두면 썩기 쉽다. 많지 않으면 냉장고에 보관하면 된다. 시원한 곳에 오래 보관하여야 제맛을 잃지 않는다. 홍시가 된 후에는 냉동하여 두면 후년 여름에도 홍시를 맛볼 수 있다.

## 준비 재료 (2인)

 **+**  **+**

흰떡, 쑥떡(가래떡) 1줄씩　　홍시(냉동) 1개　　꿀 약간

# 흐르는 강물처럼

강물의 흐름과 세월의 흐름을 삶의 멋이라 하여, 그 자체를 즐기니 입가에 미소가 가득하구나.

01 접시 바닥을 초코시럽으로 붓칠하여 준비한다.

02 접시 위에 케이크를 올린다.

03 오렌지는 모양내고 수박, 메론은 볼 스쿠프로 모양낸다.

04 슈거파우더를 뿌린 후 민트로 장식한다.

05 나무젓가락에 잎을 꽂아 멋을 더한다.

## 준비 재료 (4인)

초코시럽 약간  초코롤케이크 1개  오렌지 1개  수박 4볼  메론 4볼  포도 4알  슈거파우더 약간  민트 약간

# 초코시럽을 바른 모둠 강정

우리의 건강식 전통 과자, 옛 맛과 오늘의 멋을 더합니다.

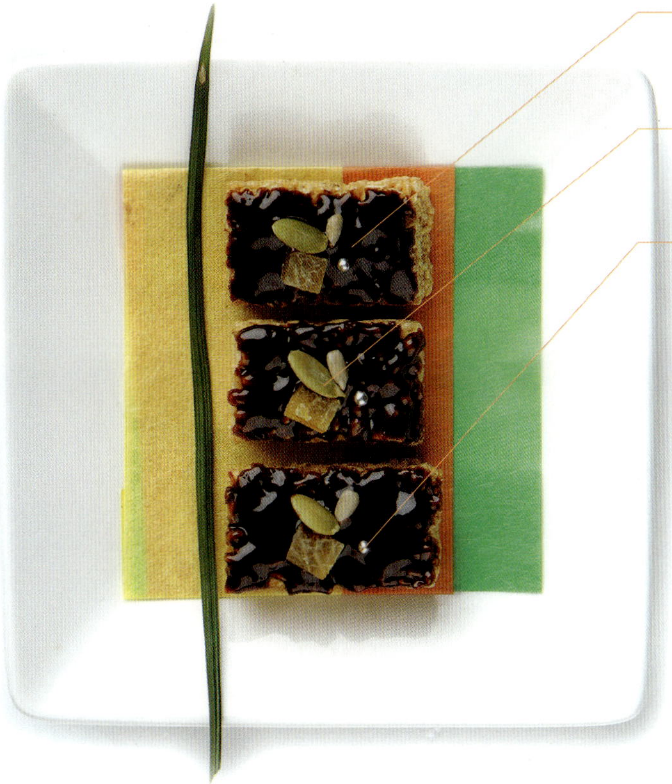

01 종류별 강정에 초코시럽을 바른다.

02 해바라기씨와 건 망고를 올린다.

03 은단으로 장식한다.

**Cooking Note**

**강정의 유래**

강정의 유래는 한나라 때의 '한구(寒具)' 라는 음식에서 찾을 수 있다. 당시 한나라에서는 아침식사를 하기 전에 입맛을 돋우기 위하여 '한구' 라는 음식을 먹는 풍속이 있었는데, 이것이 고려시대에 널리 확산된 것으로 추측된다. 1819년 『열양세기시』에 의하면, "인가(人家)에서는 선조께 제사 드리는데 있어 강정을 으뜸으로 삼았다."고 하는 기록이 있다.

## 준비 재료 (4인)

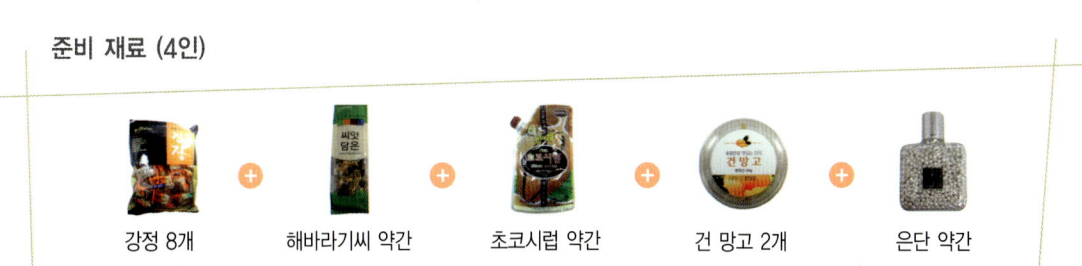

강정 8개

해바라기씨 약간

초코시럽 약간

건 망고 2개

은단 약간

# 복 감자떡

복(福)을 부르는 감자떡, 건강과 행복을 지켜 줍니다.

**01** 감자떡을 찜통에 5분 동안 찐다.

**02** 접시에 초코시럽으로 복(福) 자를 붓칠하여 만든다.

**03** 베이킹 컵에 감자떡을 예쁘게 담아 접시에 놓는다.

## 준비 재료 (4인)

감자떡 8개 + 초코시럽 약간

# 블루베리 식혜

전통 음료 식혜에 블루베리와 과일을 곁들여 만든 퓨전 음료입니다.

**01** 식혜의 밥알을 체에 거른다.(원할 경우)

**02** 각각의 과일을 한입 크기로 자르거나 스쿠프로 동그랗게 파낸다.

**03** 그릇에 과일을 담고 그 위에 블루베리를 올린다.

**04** 03에 식혜를 가만히 부어낸다.

## 준비 재료 (4인)

 +  +

식혜 2캔     계절 과일(수박, 메론, 오렌지) 약간씩     블루베리(캔) 4큰술

# 오곡 쉐이크

다섯 가지 씨앗으로 건강을 담아 드립니다.

**01** 씨앗(땅콩, 호박씨, 해바라기씨, 검은콩, 서리태)들을 곱게 간다.

**02** 우유에 미숫가루와 곱게 간 씨앗을 넣고 잘 저어준다. (꿀을 조금 넣어도 됨)

**03** 한과와 같이 곁들여 낸다.

## Cooking Note

**오곡이란**

옛날 인도에서는 보리·밀·쌀·콩·깨를 5곡이라 하였으며, 중국에서는 참깨·보리·피·수수·콩이거나 참깨·피·보리·쌀·콩의 5종, 또는 수수·피·콩·보리·쌀의 5종을 5곡이라고 하였다.

한국에서는 쌀·보리·조·콩·기장을 5곡이라고 한다. 식생활의 변화에 따라 시대나 지역에 의하여 종류나 순서가 달라진다. 5곡 이외에 6곡·9곡이라는 말도 사용한다.

## 준비 재료 (2인)

우유 2컵    땅콩, 호박씨, 해바라기씨, 검은콩, 서리태 4티스푼    미숫가루 4티스푼

# 04

## 초대를 위한 디저트

• • • • • • • • • • • • • • • • •

# 떡과 과일

떡에 콩고물을 더하여, 계절 과일과 함께 멋스럽게 담았습니다.

01 인절미를 냉동실에서 꺼내 전자레인지에 30초 동안 가열한다.

02 계절 과일(참외, 오렌지, 피자두, 키위, 메론)은 보기좋게 모양내어 깎아 놓는다.

03 인절미는 한입 크기로 잘라 콩고물을 묻혀 놓는다.

04 베이킹 컵에 인절미와 과일을 예쁘게 담는다.

## Cooking Note

**인절미에 얽힌 이야기**

조선 인조 때 이괄의 난이 일어나 한양이 반란군에 의해 점령당하자 인조 임금은 공주의 공산선으로 피난을 갔다.

어느날 그곳에서 임씨라는 농부가 찰떡을 가지고 와 임금님께 바쳤는데 그 떡이 맛 좋고 처음 먹어 보는 떡이라 신하들에게 그 이름을 물었으나 아는 사람이 없었다.

이에 친히 떡 이름을 지어 내렸는데, 임서방이 절미한 떡이라 하여 '임절미' 라 한 것이 오늘날 '인절미' 로 바뀌었다고 한다.

## 준비 재료 (4인)

 +

인절미 4개     계절 과일(메론, 오렌지, 피자두, 참외, 키위) 약간씩

# 나뭇잎 배

하얀 속살을 드러낸 찹쌀떡이 나뭇잎 배를 타고 졸졸졸 시냇물을 따라 흘러갑니다.

**01** 잎을 깔아 준비한다.

**02** 잎사귀 위에 찹쌀떡을 올린 후 과일 조각으로 장식한다.

**03** 나뭇잎 양끝에 꼬치를 꽂아 마무리한다.

## Cooking Note

**떡의 유래**

떡은 단군시대부터 시작되었다고 한다. 떡의 어원은 바로 덕(德)으로, 덕이란 어진 행동으로 많은 사람들에게 베푸는 것을 의미한다. 이 덕은 단군시대에 나라를 다스리는 정치의 기본으로 자리잡은 덕치(德治)에서 비롯되었으며, 이것이 단군시대의 종교인 덕교(德教)를 탄생하게 한 것이다.

우리 민족은 매달 때가 되면 떡을 하여 혼자 먹지 않고 반드시 이웃들과 나눠 먹었다. 이렇게 나눠 먹는 것이 바로 덕을 베푸는 것으로 덕교의 실천인 것이다.

## 준비 재료 (4인)

 +  +  +  +

찹쌀떡 4개    파인애플(캔) 약간    피자두 약간    참외 약간    나뭇잎 4개

# 돌돌말이 롤케이크

부드러운 롤케이크와 멋스러운 초코시럽이 계절 과일과 잘 어우러집니다.

**01** 롤케이크를 잘라 접시 중앙에 놓는다.

**02** 계절 과일(오렌지, 포도, 수박, 메론)은 볼 스쿠프로 모양을 낸다.

**03** 민트로 장식한다.(롤케이크에 슈거파우더 뿌리기)

**04** 초코시럽을 접시에 멋스럽게 뿌린다.

## Cooking Note

**롤케이크는 빵인가 케이크인가?**
롤케이크는 이름에서 알 수 있듯이 케이크이다. 머핀도 케이크의 종류이다.
케이크는 이스트를 안 넣고 발효시키지 않는다. 그와 반대로 빵은 발효시키고 이스트를 넣는다.

## 준비 재료 (4인)

 +  +  +  +  +  +   +  +  +

초코시럽 약간   초코롤 빵 1개   오렌지 1개   포도(데러웨이) 4개   메론 4볼   수박 4볼   슈거파우더 약간

# 무인도

흰떡 백사장 위에 야자나무 한 그루, 원숭이가 떨어뜨린 야자 열매를 상상해 보세요.

**01** 찹쌀떡을 그릇에 넣는다.

**02** 빼빼로를 찹쌀떡에 꽂아 세운 후 꼭대기에 단풍잎을 꽂는다.

**03** 건 망고와 건 블루베리로 예쁘게 장식한다.

## Cooking Note

**웃음의 명언**

*우리는 행복하기 때문에 웃는 것이 아니고 웃기 때문에 행복한 것이다. 〈윌리엄 제임스〉

*웃는 사람은 웃지 않는 사람보다 더 오래 산다. 건강은 실제로 웃음의 양에 달렸다는 것을 아는 사람은 거의 없다. 〈제임스 월쉬〉

*그대의 마음을 웃음과 기쁨으로 감싸라. 그러면 해로움을 막아주고 생명을 연장시켜줄 것이다. 〈윌리엄 세익스피어〉

## 준비 재료 (2인)

 +  +  +

| 찹쌀떡 2개 | 빼빼로(누드) 2개 | 건 망고 2개 | 건 블루베리 4개 | 단풍잎 2개 |

# 세 가지 맛 세 가지 멋

계절 과일, 케이크, 쿠키 세 가지 맛과 모양을 한 그릇에 멋내어 정성 가득 담아 보았습니다.

**01** 수박, 메론은 볼 스쿠프로 모양낸다.

**02** 블루베리를 얹고, 은단을 올린다.

**03** 중앙에 있는 접시에 블루베리 시럽으로 붓칠을 한다.

**04** 케이크를 올리고 슈거파우더를 뿌린다.

**05** 쿠키를 놓고 코코아파우더를 뿌린다.

## Cooking Note

**블루베리의 효능**
*안토시아닌이 있어서 시력이 좋아지고 야맹증, 백내장 등의 예방에 좋다.
*활성 산소의 억제 작용으로 암, 뇌졸증 예방에 좋다.
*식이섬유가 많아서 변비 및 대장암 예방에 좋다.
*모세혈관을 보호하고 불필요한 혈소판 응고를 억제한다.

## 준비 재료 (4인)

 +  +  +  +  +  +  +  +  +

블루베리시럽 약간　메론 4볼　초코케이크 1개　수박 4볼　건 블루베리 약간　쿠키 8개　코코아파우더 약간　슈거파우더 약간

# 카스테라 속 모둠 과일

카스테라 속 가득한 모둠 과일, 부드러운 카스테라와 상큼한 과일의 만남!

**01** 카스테라는 원형틀로 찍어 내고, 중앙은 작은 원형틀로 찍어 빼낸다.

**02** 카스테라 중앙을 작게 자른 과일들로 채운다.

**03** 슈거파우더를 카스테라 위에 뿌려 장식한다.

## Cooking Note

**카스테라의 유래**

누구나 좋아하는 카스테라는 스페인 영토인 옛날의 소왕국 카스테라에서 유래하였다.

카스테라 왕국의 국민들은 맛좋고 부드러우며 오랜 시간을 상하지 않는 이 과자를 좋아하였다. 그래서 옆나라의 포르투칼 사람들은 이 과자를 가리켜 카스테라라고 비꼬았다.

그러나 포르투칼 사람들도 부드럽고 달콤한 카스테라를 즐겨 먹게 되었고 차츰 유럽의 여러 나라로 전파되기 시작하였다.

## 준비 재료 (4인)

 +  +  +  +

| 카스테라 4개 | 포도(데라웨어) 4알 | 수박 4볼 | 오렌지 1/2개 | 슈거파우더 약간 |

# 수박 스테이크

여름철 맛과 멋을 동시에 즐길 수 있는 수박, 수박의 꽃말처럼 '큰 마음'을 전하세요.

01 녹차카스테라를 동그랗게 모양내어 올려 놓는다.

02 포크와 나이프를 접시에 놓고, 코코아파우더를 뿌린 후 제거한다.

03 오렌지, 포도, 메론을 모양내어 카스테라 옆에 놓는다.

04 수박은 원형틀로 동그랗게 찍어 준비한다.

05 수박 위에 초코시럽을 뿌려 낸다.

## Cooking Note

### 수 박

아프리카 원산으로 고대 이집트 시대부터 재배되었다고 한다. 한국에는 조선시대 『연산군일기』(1450)에 수박의 재배에 대한 기록이 나타난 것으로 보아 그 이전에 들어온 것임을 알 수 있다. 오늘날에는 일반 재배는 물론 시설 원예를 통한 연중 재배가 이루어지고 있으며, 우수한 품종은 물론 씨없는 수박도 생산되고 있다. 한방과 민간에서는 구창 · 방광염 · 보혈 · 강장 등에 쓴다.

## 준비 재료 (4인)

 +  +  +  +  +  +  +  +  +

수박 8볼   녹차카스테라 1개   오렌지 1개   메론 4볼   포도(데라웨어) 약간   코코아파우더 약간   초코시럽 약간

# 얼린 감과 꼬마 찹쌀떡

살얼음 입안 가득한 얼린 감이 쫄깃쫄깃한 꼬마 찹쌀떡을 만난 즐거운 날입니다.

**01** 얼린 감을 먹기 좋은 크기로 잘라 컵에 담는다.

**02** 꼬마 찹쌀떡과 건 블루베리를 얼린 감 사이에 놓는다.

**03** 건망고를 길게 잘라 민트와 같이 장식한다.

## Cooking Note

**감의 효능**

심장과 폐 건강을 좋게 하는 홍시는 과일 가운데 가장 오랜 역사를 가진 과일로서 생감, 곶감(건시), 연시(홍시), 침시(우전감), 장아찌, 감식초, 수정과 등 예로부터 농경사회 식생활에 많이 이용되어 왔으며 제사에는 빼놓을 수 없는 과실이다.

한방에서는 시상이라 하며 감꼭지를 말려 다려 먹으면 정력을 돕고 딸꾹질을 멎게 하며, 생감의 즙(액)은 뱀, 모기 등 물린 곳에 바르면 특효가 있다.

## 준비 재료 (2인)

얼린 감 1개    빙수떡 약간    건 블루베리 약간    건 망고 약간    민트 2잎

# 오렌지 과일 말이

오렌지 속에 아기자기한 모둠 과일이 들어 있어요. 손님 초대용으로 세팅해 보세요.

**01** 오렌지를 둥근 모양이 되게 얇게 자른다.

**02** 오렌지의 반쪽에 한입 크기로 자른 과일을 놓고 반을 덮어 꼬치로 꽂는다.

**03** 꼬치에 나뭇잎이나 과일로 장식한다.

## Cooking Note

**오렌지의 효능**

노화를 억제하고 산소 공급과 이동을 원활히 하는 플라보노이드가 풍부한 과일이다.
각종 암 예방을 해주는 작용도 뛰어나 자연스럽게 일반 가정에서 민간요법으로 항암 효과를 얻을 수 있는 과일이기도 하다.

## 준비 재료 (4인)

오렌지 1개    계절 과일(수박, 메론, 포도, 파인애플 등)

# 은하수 뱃놀이

밤하늘에 반짝이는 은하수를 보면 유유히 떠가는 배처럼 행복을 가득 싣고 옵니다.

**01** 설탕을 접시에 뿌리고 가스 토치 불꽃으로 녹인다.(은 하수 만들기)

**02** 그릇(링겔) 위에 놓고 케이 크를 올린다.

**03** 오렌지는 길게 모양내고, 수박, 메론은 볼 스쿠프로 동그랗게 모양낸다.

**04** 블루베리를 수박 위에 놓고, 민트로 장식한다.(접시 빈 공간에 은단을 뿌려 별 자리를 만든다.)

## Cooking Note

**은하수 신화**

옛날 올림포스에는 최고의 신 제우스와 그의 아내 헤라가 있었다. 제우스가 바람을 피워 아이를 데려 오게 되었는데 그 아이(훗날 헤라클레스)가 불사의 몸이 되길 원해서 헤라가 잘 때 몰래 젖을 물렸다. 하지만 아이의 빠는 힘이 너무 강해서 헤라가 깜짝 놀라 깨어서 아이를 밀어냈다. 이때, 헤라의 젖에서 나와 뿌려진 모유가 은하수가 된 것이다. 그래서 영어로 은하수를 밀키 웨이(milky way)라고 한다.

## 준비 재료 (4인)

 +  +  +  +  +  +  +  +  +

설탕 약간　초코케이크 1개　오렌지 1개　수박 4볼　메론 4볼　블루베리(캔) 약간　은단 약간　민트 약간

# 인절미 퐁듀

쫄깃한 인절미를 갖가지 재료에 찍어 먹는 재미, 골라 먹는 재미가 있어요.

01 인절미를 먹기좋게 한입 크기로 자른다.

02 견과류를 다지고 각각의 그릇에 찍어 먹을 재료들을 준비한다.

03 큰 그릇에 인절미를 담고 부재료가 담긴 그릇들을 주변에 놓는다.

## Cooking Note

**퐁듀의 유래**

프랑스어의 'fondre(=녹이다)' 에서 유래된 말로 꼬챙이 끝에 음식을 꿴 후 그것을 녹인 치즈, 초콜릿, 소스 등에 찍어 먹는 음식을 가리킨다. 퐁듀는 스위스 전통 요리이다.

퐁듀의 기원은 18세기경 알프스 고지대의 사냥꾼들이 사냥 후 야영을 하던 중 우연히 가져온 마른 빵과 치즈만을 이용, 모닥불에 치즈를 녹여 빵에 찍어 먹는 것에서 유래되었다고 한다.

## 준비 재료 (4인)

 +  +  +  +  +  +  +  +  +   +

인절미 50g ・ 초코시럽 3큰술 ・ 다진 견과류 3큰술 ・ 크림치즈 3큰술 ・ 미숫가루 3큰술 ・ 유자청 3큰술 ・ 꿀 3큰술

# 호롱불

할머니의 옛 이야기가 흘러나올 것만 같은 호롱불 아래 이야기 꽃이 활짝 핍니다.

**01** 슬라이스한 키위를 타르틀릿에 올린다.

**02** 녹차카스테라를 원형틀로 찍어 생크림을 올린다.

**03** 종모양 초콜릿 위를 은단으로 장식한다.

## Cooking Note

**호롱불**
석유를 담는 그릇을 말한다. 사기나 유리 또는 양철 따위로 작은 병 모양으로 만드는데, 아래에는 석유를 담을 수 있도록 둥글게 하고 위 뚜껑에는 작은 구멍을 내어 심지를 박아 불을 켤 수 있도록 하였다.

## 준비 재료 (4인)

 +  +  +  +  +  +

타르틀릿(小) 4개　　녹차카스테라 1개　　은단 4개　　생크림 약간　　키위 1개　　초콜릿(종모양) 4개

119

# 홍삼 젤리와 모둠 꼬치

쌉쌀한 홍삼은 몸에 면역력을 키워 주는 건강 식품입니다. 이웃과 건강을 나누어 보세요.

**01** 홍삼젤리에 포크와 로즈마리를 꽂아 준비한다.

**02** 강정은 반으로 잘라 포크를 꽂고, 수박은 볼 스쿠프로 모양내어 포크를 꽂는다.

**03** 잎으로 장식한다.

## Cooking Note

**홍삼의 효능**

주요 성분 사포닌은 '비누거품'이라는 그리스어의 어원을 가진 것으로 홍삼을 액화시켰을 때 비누거품처럼 일어나는 거품을 이야기한다. 이 사포닌은 우리 몸 속에 있는 나쁜 요소들을 제거하는 한편 몸에 면역력을 키워 주게 된다.

홍삼의 효능은 당뇨, 감기, 만성피로 등에 좋으며 항암에도 효과가 있는 것으로 나타났다.

## 준비 재료 (4인)

홍삼젤리 4개  +  강정 2개  +  수박 4볼  +  로즈마리 2개  +  단풍잎 2개

# 05

## 기념일을 위한 디저트

# 눈 내린 크리스마스 케이크

밤새 내린 하얀 눈이 온 세상을 아름답게 만듭니다.

01 녹차카스테라를 네모로 잘라 접시 중앙에 담는다.

02 여러 가지 과일을 올린다.

03 슈거파우더를 뿌려 눈쌓임을 표현한다.

04 접시 바닥에 글자판을 대고 초코시럽으로 붓칠하여 'Merry Christmas'라고 새긴다.

## 준비 재료 (1인)

 +  +  +  +  +  +

녹차카스테라 1개    딸기 1개    귤(캔) 1개   메론 1볼   초코시럽 약간    슈거파우더 조금    민트 1잎

# 레드 카펫

접시 중앙에 블루베리 시럽으로 길게 붓칠하여 영화 시상식장의 레드 카펫을 연상케 합니다.

**01** 접시 중앙에 블루베리 시럽으로 레드 카펫처럼 붓칠을 한다.

**02** 케이크 위에 수박과 블루베리, 은단을 올린다.

**03** 쿠키 위에 메론을 놓고 코코아파우더를 뿌린다.

**04** 오렌지를 모양내어 놓고 민트로 장식한다.

## Cooking Note

**레드 카펫**

원래 유럽에서는 전통적으로 빨간색이 권위를 상징했고 또 귀족을 대표하는 색이다. 그래서 유럽의 왕실에는 레드 카펫이 깔려 있다. 세월이 흐르면서 레드 카펫을 까는 것은 귀한 손님을 맞이한다는 뜻으로 극진한 환영의 표현이 되었다. 그래서 영화시상식뿐 아니라 중요한 행사에는 꼭 레드 카펫을 깔곤 한다.

## 준비 재료 (4인)

 블루베리시럽 약간 +  수박 4볼 +  초코롤케이크 1개 +  오렌지 약간 +  블루베리(캔) 약간 +  메론 4볼 +  코코아파우더 약간 +  쿠키 4개

# 보석 케이크

아름다운 보석이 반짝반짝 빛을 냅니다. 당신의 탄생석은 어떤 의미가 있을까요?

**01** 케이크 위에 생크림을 바른 웨하스를 올린다.

**02** 웨하스 위에 메론, 피자두를 올린 후 은단을 사이사이에 놓는다.

**03** 잎으로 장식을 한다.

## Cooking Note

**탄생석**
1월 : 가넷 – 사랑, 진실, 정조
2월 : 자수정 – 정조, 성실, 평화
3월 : 아쿠아마린 – 침착, 총명
4월 : 다이아몬드 – 영원한 사랑
5월 : 에메랄드 – 행복, 행운
6월 : 진주 – 건강, 장부의 권위
7월 : 루비 – 열정, 영원한 생명
8월 : 페리도트 – 지혜, 부부 행복
9월 : 사파이어 – 자애, 성실, 덕망
10월 : 오팔 – 사랑, 진실, 정조
11월 : 토파즈 – 우정, 인내, 결백
12월 : 터키석 – 행운, 성공, 번영

## 준비 재료 (4인)

 오뜨케이크 4개 +  웨하스 4개 +  메론 약간 +  피자두 약간 +  생크림 약간 +  은단 약간

# 양갱과 과일

양갱과 유자 소스의 달콤함이 어우러진 깔끔한 디저트입니다.

**01** 양갱을 원형틀로 찍어낸다.

**02** 견과류를 굵게 다진다.

**03** 양갱 테두리에 유자청을 바르고 **02**의 다진 것을 붙인다.

**04 03** 옆에 동그랗게 파낸 수박과 메론을 놓고 나뭇잎으로 장식한다.

## Cooking Note

**양갱의 유래**
양(羊)과 양갱이 무슨 관계가 있을까 의아해 할지 모르나, 양갱은 본래 중국의 양고기가 들어간 걸쭉한 스프(羹)에서 유래하였다. 중국에 유학했던 승려가 간식용으로 가져가면서 일본에 전해졌다. 승려는 육식을 하지 않기 때문에 양고기 대신 밀가루와 갈분, 팥 등을 섞어 쪄서 양갱을 만들었다.

## 준비 재료 (4인)

 +  +  +  +  +

양갱 1개    수박 4볼    메론 4볼    유자청 약간    견과류 약간    나뭇잎 약간

# 부드러운 러브 푸딩

입 안에서 사르르 녹는 달콤한 초코푸딩, 찰랑찰랑 흔들림이 보여요.

**01** 초코푸딩을 접시 중앙에 놓고 블루베리를 올린 후 은단으로 장식한다.

**02** 수박과 메론은 볼 스쿠프로 동그랗게 모양낸다.

**03** 포도를 곁들이고 나뭇잎으로 장식한 후 슈거파우더를 뿌린다.

**04** 접시에 블루베리 시럽으로 글자 판을 놓고 붓칠하여 'LOVE'를 새긴다.

### Cooking Note

**푸딩(Pudding)의 역사**
푸딩은 영국에서 처음으로 만들어졌다. 재료를 섞어서 끓이거나 쪄낸 과자 혹은 후식으로, 영국의 요크셔 푸딩에서 기원한 것이다. 요크셔 푸딩은 밀가루 반죽에 로스트 비프를 얹어서 구운 것으로 포포버(살짝 구운 머핀과자의 일종)나 수플레와 비슷하였다. 처음에는 커다란 양철 냄비에 구워 적당한 크기로 잘라서 먹었으며 점차 작고 둥근 형태로 만들게 되었다.

## 준비 재료 (4인)

초코푸딩 4개 + 블루베리 시럽 약간 + 은단 조금 + 수박 4볼 + 메론 4볼 + 포도(데라웨어) 약간

# 인절미와 통팥 타르트

쫄깃한 인절미와 통팥, 바삭한 타르트의 절묘한 만남을 느껴 보세요.

01 타르틀릿에 생크림을 조금 씩 짜서 올린다.

02 인절미와 계절 과일을 한입 크기로 자른 후 올린다.

03 맨 위에 팥을 올린다.

04 녹차가루나 미숫가루를 뿌 려 낸다.

## Cooking Note

**타르트**
얇은 원형틀에 버터를 많이 함유 한 반죽을 깔고 과일이나 크림을 채워서 구운 과자를 말한다. 타르트의 유래는 독일에서 16세 기경 고대 게르만족이 태양의 모 양을 본떠서 하지 축제 때 평평 한 원형의 과자를 구운 것이 시 초였고, 중세가 되자 교회에서 행하는 축제 때마다 타르트류가 등장했다고 한다. 현재와 같이 인기 있는 제품이 된 것은 19세 기부터이다.

## 준비 재료 (4인)

 +  +  +  +  +  +  +

인절미 50g 　 통팥(캔) 3큰술 　 타르틀릿(大) 4개 　 생크림 약간 　 여러 계절 과일

# 초코케이크와 과일

초코케이크의 달콤함이 계절 과일과 잘 어우러져 초코향 가득한 맛을 느껴 보세요.

01 초코케이크를 접시 중앙에 놓는다.

02 오렌지 껍질을 잘라 모양내고 은단을 올려 놓는다.

03 케이크 옆에 수박, 귤, 키위, 포도를 모양내어 놓는다.

04 슈거파우더를 뿌린 후 민트로 장식한다.

## Cooking Note

**케이크의 역사**

처음 케이크의 형태를 갖춘 나라는 이집트였다. 그러나 그땐 얼음으로 만든 샤베트였다. 그 후 8~9세기 그리스에서는 이미 달걀, 유지를 넣어 만든 케이크가 100여 종에 달했다.

빵과 케이크 명칭이 명확하게 분류된 것은 로마제국 시대였다. 11~13세기는 십자군 원정으로 동양에서 설탕과 각종 향신료가 유입되어 케이크의 질과 맛을 높였고, 산업혁명을 통해 대중화가 되었으며, 20세기에 들어서 다양화 · 국제화가 되었다.

## 준비 재료 (4인)

 +  +  +  +  +  +  +  +

초코케이크 4개 / 수박 4볼 / 귤(캔) 1개 / 키위 1개 / 포도 약간 / 슈거파우더 약간 / 민트 약간 / 은단 약간

# 와인글라스 안 꽃케이크

유리 온실의 화려한 꽃처럼 아름다움을 간직하려 합니다. 그녀와의 특별한 날을 위해 만듭니다.

01 키위를 슬라이스하여 빵틀에 놓는다.

02 키위 위에 초코케이크를 원형틀로 찍어 올린다.

03 케이크 위에 생크림을 바르고 체리를 놓은 후 은단으로 장식한다.

04 디저트가 완성되면 와인글라스를 엎어놓는다.(와인과 곁들인다.)

## Cooking Note

**와인글라스**

와인잔의 다리(stem)가 긴 것은 손의 체온에 의해 와인의 온도가 상승하는 것을 막고, 또한 미학적인 측면이 고려된 것이다. 와인잔의 둥근 보울이 위로 올라가면서 좁아지는 것은 와인의 향기를 잔 안으로 모이게 하기 위한 것이다.

[출처 : 와인 가이드 & 홈메이드]

## 준비 재료 (2인)

초코케이크 2쪽    체리(병) 2개    키위 1개    생크림 약간    은단 약간

# 오렌지 속 셔벗

오렌지 속 시원한 셔벗의 부드러움과 상큼한 과일의 향을 느껴 보세요.

01 오렌지를 반으로 잘라 과육을 파낸다.

02 오렌지 과육을 먹기 좋게 자르고 다른 과일도 한입 크기로 자른다.

03 오렌지 껍질 속에 셔벗을 담고 과일을 올린 후 나뭇잎으로 장식한다.

## Cooking Note

**오렌지 꽃말**

새색시의 기쁨 : 순수하고 관대하며 상냥하고 사랑스러움으로 호감을 사는 사람이다. 당신과 함께 있는 것만으로도 상대방은 의기소침함을 금방 떨쳐 버릴 수 있다.

## 준비 재료 (2인)

오렌지 1개        +        각종 계절 과일        +        설레임(시판용 셔벗 아이스크림) 1개

# 보물선

짠!! 꼬마 곰들이 배에 맛있는 보물을 가득 싣고 오네요.

**01** 큰 정사각 종이(50×50cm)로 종이배를 접는다.

**02** 모양 테이프로 꼬치 깃발을 만들어 준다.

**03** 배 안에 각종 쿠키와 젤리들을 담는다.(배 밑을 고정시키려면, 조그마한 컵을 끼워 넣는다.)

## Cooking Note

**보물선**
이 디저트는 키즈 파티용으로 적당하다. 아이들에게 인기 만점 디저트가 될 것이다.

## 준비 재료 (4인)

꼬마곰 젤리 2봉       각종 젤리       쿠키, 과자, 스낵 등

# 파인애플과 머핀의 만남

파인애플의 달콤한 과즙이 부드러운 머핀과 어우러져 맛을 뽐냅니다.

**01** 머핀을 반으로 잘라 접시에 놓는다.

**02** 파인애플에 초코 과자를 넣고 머핀 사이에 끼운다. 귤과 체리그린을 곁들인다.

**03** 민트와 초코시럽으로 장식한 후 슈거파우더를 뿌린다.

## Cooking Note

**파인애플**
파인애플에는 효소가 들어있어 단백질을 녹여 소화하기 쉬운 상태로 만들어 주는 기능을 한다. 이 때문에 과식 뒤에 파인애플을 섭취하면 속이 편해지는 것을 느끼게 된다.
또한 고기요리를 할 때 파인애플을 사용하면 독특한 향과 함께 고기를 연하게 만들어 준다.

## 준비 재료 (4인)

 +  +  +  +  +  +  +

머핀빵 4개　파인애플 4개　롤리폴리 4개　체리그린(병) 4개　귤(캔) 8개　블루베리(캔) 약간　초코시럽 약간　슈거파우더 약간

# 상큼한 디저트 만들기

2009년 1월 15일 인쇄
2009년 1월 20일 발행

저자 : 이상영 · 최진숙
펴낸이 : 남상호

펴낸곳 : 도서출판 **예신**
www.yesin.co.kr

140-896 서울시 용산구 효창동 5-104
대표704-4233, 팩스 : 715-3536
등록번호 : 제03-01365호(2002. 4. 18)

**값 12,000원**

ISBN : 978-89-5649-067-0